Titel:

Ein Psycho-Märchen

Gewidmet:

Steffi und meinen HPPlern

Die Wex

Titel:

Ein Psycho-Märchen

Wechs-Fürnrohr, Marion
Ein Psycho-Märchen

Blaichach, 11. April 2015

Alle Rechte am Werk liegen beim
Autor:
Marion Wechs-Fürnrohr
Rothenfelsstr. 6
87544 Blaichach

Ein Titeldatensatz für diese
Publikation ist bei der Deutschen
Nationalbibliothek erhältlich

Herstellung und Verlag:
BoD – Books on Demand,
Norderstedt
ISBN 9783734784439

Kapitel 1:

Ein süchtiges Märchen (F1)

Kapitel 2:

Ein schizophrenes Märchen (F2)

Kapitel 3:

Ein affektives Märchen (F3)

Kapitel 4:

Ein persönlichkeitsgestörtes
Märchen (F6)

Kapitel 5:

Perls' Schichtenmodell der
Neurose

Kapitel 1:

Ein süchtiges Märchen

(Wir haben kein Problem!)

Liebe Kinder, gebt fein Acht,
ich hab euch etwas mitgebracht:
In einer entfernten Galaxie gibt es
einen Planeten namens Suchtelstern. Auf Suchtelstern leben nur
Süchtige. Auf Suchtelstern gibt es
ein Land namens Suffisparadies.
Nein, da leben nicht die Sufis. Da
leben die Suffköppe beziehungsweise Alkoholiker. Na gut, ein
oder zwei Sufis leben da auch.
Aber alkoholabhängige Sufisten
sind ja dann doch eher die
Ausnahme. Zumindest in der
Theorie. (Asketische) Sufisten hin
oder her… es gibt eine einfache
Erklärung dafür, dass auf Suchtelstern nur Süchtige leben: Viele
Planeten in der Umgebung laden
ihre Süchtigen einfach auf
Suchtelstern ab. Wahrlich jede
Sucht ist zu finden auf Suchtelstern. Sowohl stoffgebundene
Süchte als auch nicht stoffgebundene Süchte sind hier
vorhanden. Substanzgebundene
Süchte: Alkohol-, Drogen-, und

Medikamentensucht. Substanz-
ungebundene Süchte (Störung
der Impulskontrolle): Glücksspiel-
sucht, Kleptomanie, Pyromanie,
Trichotillomanie (das Ausreißen
der eigenen Haare) und so weiter.
Ja, auf Suchtelstern ist nun
wirklich jeder Suchtel gut
vertreten: Der Suffkopp, der
Druffi, der Pillenschmeißer, der
Zocker, das Klau-Schwein, der
Zünsler, das gerupfte Huhn und
alle anderen. Und jeder Suchtel
bekommt sogar sein eigenes
Land auf Suchtelstern. Es gibt ein
Land für die Alkoholiker. Ein Land
für die Drogensüchtigen. Eins für
die Medikamentensüchtigen. Eins
für die Glücksspieler. Eins für die
Kleptomanen. Eins für die Pyro-
manen. Eins für die Trichotillo-
manen und so weiter. Doch auf
Suchtelstern gibt es sogar
Bewohner, die sind gar nicht
süchtig (weder physisch noch
psychisch). Diese armen Seelen
hatten sich auf ihrem Heimat-

planeten politisch unbeliebt gemacht und wurden daher einfach weg geschafft. Zudem werden diese Nicht-Süchtigen auf Suchtelstern für wissenschaftliche Experimente missbraucht: Was passiert, wenn einzelne nicht-süchtige Organismen zu den verschiedenen Gruppe der süchtigen Organismen hinzu-gefügt werden et cetera? Diese nicht-abhängigen Suchtelstern-Bewohner nennt man übrigens „Unabhängige" oder „Autonome". Die Unabhängigen sind in der Unterzahl und haben's wohl schwerer als Druffis & Co. Naja, wie man's nimmt. Die Suchteln haben's aber auch nicht gerade leicht. Die Suchteln bekommen ja weder Drogen noch Medikamente auf Suchtelstern. So ein kalter Entzug kommt fei richtig übel. So übel, dass der kalte Entzug mit-unter enden kann im kalten Nass… äh Grab. Aber wie heißt es so schön: „A Guada hoits aus end uam an Schleachta iss need schaad." / „Ein Guter hält es aus und um einen Schlechten ist es nicht schade." Einmal ist so ein Druffi verstört durch die Gegend geirrt. Verstörter als sonst. Und verstörter als all die anderen Druffis. Gut, Poli (so heißt der besonders verstörte Druffi) ist Politoxikomane. Er ist abhängig von mehreren Suchtstoffen gleichzeitig. Aber sogar für seine Verhältnisse war Poli diesmal extrem verstört. Poli irrte bewusstseins-, aufmerksamkeits-, und wahrnehmungsgestört herum. Und zudem wies er psycho-motorische Störungen auf. Er litt unter einem deliranten Syndrom. So ein Delir kann eine organische Ursache haben. Das Delirium kann aber auch als Nebenwirkung eines Medikamentes oder einer Droge auftreten. Zudem kann das Delir ein Entzugssyndrom sein. Ursachen hin oder her, die Folgen können tödlich sein (Herz-

versagen, Atemstillstand etc.).
Poli hatte aber Glück im Unglück
und fand Hilfe bei seinen Suchtel-
Kollegen. Manche hatten ihren
eigenen Entzug gut überstanden
und waren nun clean. Die Ex-
Süchtigen fanden den deliranten
Poli gerade als dieser zusammen-
brach. Ein Ex-Suchtel zum
anderen: „Boa fuck, der schiebt
grad voll sein Affen." Poli war
zwar ohnmächtig, aber leicht
weckbar… mit ein paar kräftigen
Watschen. Th, das zum Thema
Erste Hilfe. Ohrfeigen sind keine
adäquate Weckmaßnahme. Ja,
man hat es nicht leicht auf
Suchtelstern. Vor allem als
Suchtel. Die Autonomen sind aber
auch echt arme Schweine. Man
stelle sich vor: Man selbst ist
weder körperlich noch psychisch
abhängig. Weder von Alkohol
noch von sonst was. Ja vielleicht
mag man Alkohol noch nicht
einmal. Und dann landet man
plötzlich auf einem Planeten, auf

dem alle dicht sind. Man landet
zum Beispiel in Suffisparadies...
ringsherum nur Besoffene.
Spätestens dann sagt man: „Ich
hab' kein Problem mit Alkohol!
Nur ohne!" Nüchtern hält man die
ganzen Besoffenen nämlich nicht
aus. Echt nicht. Vor allem anfangs
war es ganz schlimm. Da waren
die ganzen Säufer übel auf
Entzug und voll auf Krawall
gebürstet. Vom Mundgeruch ganz
zu schweigen. Die Fahne allein
haut dich schon um. Da bräucht's
gar keinen Faustschlag mehr.
Fahne hin oder her... dank
Alkoholentzug gab's noch mehr
Prügeleien als sonst. Zudem gab
es das eine oder andere Alkohol-
Entzugsdelirium. Ein Alki rannte
verschwitzt, verwirrt, verängstigt,
rastlos, orientierungslos, lallend,
schnaufend, halluzinierend,
krampfend und zitternd (Tremor)
umher. Bis er stolperte und zu
Boden ging. Da lag er nun der
arme Alki. Regungslos. Atem-

stillstand. Aber zum Glück wurde er von seinen Saufbrüdern aufgehoben und aufgepäppelt. Die hatten sogar das mit der Ersten Hilfe auf die Reihe gekriegt. Ganz ohne Ohrfeigen. Dafür aber mit Rippenbruch (Wiederbelebung 30 zu 2). Es hätte aber noch viel schlimmer kommen können. So ein Delirium tremens kann ja schließlich tödlich enden. Ich sag nur: „AA. Arme Alkoholiker." Weil es in Suffis-paradies keinen Alk gab, saßen die Suchteln ja leider auf dem Trockenen. Aber zum Glück gibt's da Kartoffeln und Reis und so Zeug. Also brennen sie sich ihren Fusel nun selber. Viele von den Säufern bauen sich sogar Hütten und was man sonst noch so braucht. Fleißig sind vor allem die Säufer, die höchstens psychisch abhängig sind und nicht körper-lich. Die Säufer, die körperlich abhängig sind, schlafen im Rausch meist eh überall... und legen daher nicht unbedingt gesteigerten Wert auf den Komfort einer schönen Hütte. Wobei der Komfort in so einer Alki-Hütte sowieso eher recht bescheiden ausfällt. Komfort hin oder her... sogar die körperlich abhängigen Säufer können zwischendurch abstinente Phasen haben. Dann bauen sogar diese Säufer schön ihre Hütten. Des Weiteren gibt es mitunter Säufer, die es sogar im akuten Suff-Zustand fertig bringen, eine feine Hütte zu bauen. Zudem helfen sich die Säufer alle gegenseitig. Alle Säufer haben Hütten... und fast alle Säufer bauen Hütten. Nur vielleicht in unterschiedlichen Phasen. Wenn der eine grad ne Sauf-Phase hat, dann hat der andre grad ne Abstinenz-Phase oder andersrum. Doch manchmal saufen alle (naja meistens), dann werden eben gerade keine Hütten gebaut. Im Zweifel müssen sie dann eben im Freien schlafen, wenn die Hütten zerstört wurden im Suff... aus Versehen.... (naja meistens eher mutwillig). Das ist aber nicht so tragisch, da das Klima auf Suchtelstern meist recht mild ist. Das Arbeitsklima unter den Alkis ist meist auch recht gut, da die Arbeitsteilung meist ganz gut funktioniert. Der eine baut die Hütte, der andre brennt den Schnaps und alle sind zufrieden. Meist. Außer ein Suffkopp hat grad mal Stänker-Laune und zettelt ne Prügelei an. Meist gehen solche Prügeleien aber schnell vorbei, da lieber wieder dem Alkohol gefrönt wird. Und man muss sich ja schließlich wieder vertragen... am besten mit einem schönen Schnäpschen: „Samma wieda gut / Sind wir wieder gut". Zudem weiß am nächsten Tag kaum mehr einer was von der vergangenen Streiterei... dank des gnädigen Filmrisses. Heute ist mal wieder so ein Tag. Und sowieso: Bevor der Rausch ausgeschlafen wird.... so aus Versehen... muss man schnell nachschütten: „Leut' trinkt! Der Rausch lässt nach!" Man darf ja schließlich kein Alkoholentzugs-delirium riskieren. Trinken für die Gesundheit. Weiß ja jeder, dass man viel trinken soll. Vor allem an warmen Tagen. Und in Suffis-paradies ist es nie kalt. Ja Saufen für die Gesundheit. Und fürs Vaterland. Naja, zumindest fürs Dorf. Heute findet nämlich ein Dorffest statt beziehungsweise ein Dorfwettkampf: Wett-Trinken. Wie jeden Tag. Da sich ja jeder fürchtet... vor dem Tag danach: Kater, Brand (Durst) und übler Geschmack im Mund... Geschmacksrichtung: Verwesendes Tier. Also wird am besten gleich weiter gesoffen. Das grandiose Ereignis unter dem Motto „Wir bekämpfen heroisch den fahlen Geschmack von Moppel-Kotze" ist wirklich sehenswert. Wie meist treffen sich

mindestens fünf Freunde mit
gleicher Gesinnung. Fünf Typen,
die gern trinken. Fünf Trinker-
Typen. Am Start sind die üblichen
Verdächtigen:
Alphons, der Alpha-Trinker.
Betta, der Beta-Trinker.
Gandulf, der Gamma-Trinker.
Delf, der Delta-Trinker.
Und zuletzt Ephraim, der Epsilon-
Trinker.
Zu Betta muss gesagt werden,
dass er ein Mann ist, der sich
selbst als Frau versteht und lieber
Elisabetha genannt werden will.
Aus Elisabetha wurde dann kurz
Betta.
Alphons, der Alpha-Trinker ist ein
Konflikt- bzw. Problem-Trinker. Er
säuft eigentlich nur, wenn es ihm
mal nicht so gut geht. Alphons ist
zwar nicht körperlich abhängig,
aber psychisch. Er ist sucht-
gefährdet. Alphons hat beim Wett-
Trinken kaum eine Chance gegen
die anderen Säufer, aber er ist
ehrgeizig. Zudem hat Alphons das

Potenzial mal ein richtiger Gamma-Säufer zu werden, wenn er so weiter macht.

Betta, der Beta-Trinker ist ein Gelegenheitstrinker. Er trinkt gerne zu feierlichen und sonstigen Anlässen. Spendierte Drinks verschmäht Betta auch eher selten. Zudem genießt er abends immer seinen wohlverdienten Feierabend-Schnaps. Betta ist zwar weder körperlich noch psychisch abhängig, aber er ist suchtgefährdet. Zudem sind seine Organe gefährdet, denn Beta-Trinker bekommen nicht selten Organschäden. Betta hat eigentlich auch keine echte Chance das Wett-Saufen zu gewinnen, aber er kann ja schlecht „nein sagen" zu so einem sozialen Sauf-Anlass. Wenn er so weiter macht, dann hat er sich bald zum Spiegeltrinker hoch gesoffen.

Gandulf, der Gamma-Trinker ist alkoholabhängig, da er seinen

Alkoholkonsum nicht mehr unter
Kontrolle hat. Dennoch hat
Gandulf zwischendurch völlig
alkoholfreie Phasen, die sogar
mehrere Monate lang andauern
können. Was nichts daran ändert,
dass Gandulfs Körper den Alkohol
bereits braucht. So hat Gandulf
eine reelle Chance das Wett-
Saufen zu gewinnen.
Delf, der Delta-Trinker ist ein
sogenannter Spiegeltrinker und
suchtkrank. Er ist nicht fähig zur
Alkohol-Abstinenz. Der gute Delf
entwickelte sich langsam aber
sicher vom Gewohnheitstrinker
zum Spiegeltrinker. Er muss
seinen Alkoholspiegel im Blut
stets konstant halten, da es sonst
zu einem heftigen, körperlichen
Entzugssyndrom kommt. Auch
Delf hat eine gute Chance auf den
Sieg beim Wett-Saufen.
Ephraim, der Epsilon-Trinker ist
ein sogenannter Quartalssäufer
und süchtig. Wochenlang hat
Ephraim nicht mal Lust auf

Alkohol. Doch circa alle paar Wochen überkommt ihn das starke Verlangen zu saufen. Meistens ist er dann einige Tage vorher schon agitiert oder gar aggressiv. Um Ruhe zu finden, flüchtet sich der gereizte Ephraim dann gern in den Alkohol-Rausch. Wahre Sauf-Orgien feiert Ephraim dann. Tagelang. Da träumt der alte Römer von. Caligula würde vor Neid erblassen. In so einer akuten Sauf-Phase kommt es dann auch zum Kontrollverlust mit Filmriss. Die Erinnerungslücken sind aber nicht immer unbedingt das Schlechteste. Wer schon mal ordentlich besoffen war… und sich an die eine oder andere Peinlichkeit erinnert, der weiß einen gescheiten Filmriss bestimmt zu schätzen.
Peinlichkeiten hin oder her… Ephraims Chancen auf den Sieg stehen auf jeden Fall sehr gut. Nun da alle Säufer anwesend sind, mögen die Spiele beginnen.

Gewonnen hat, wer sich als Erster zu Tode gesoffen hat. Tod durch Alkoholintoxikation (Atemstillstand / Kreislaufversagen). Alphons, Betta, Gandulf, Delf und Ephraim wollen einander unter den Tisch saufen… bzw. unter die Erde… oder wenigstens ins Koma.
Tod = Platz 1.
Koma = Platz 2.
Bewusstlosigkeit = Platz 3.
Wer's nicht mindestens bis zur Bewusstlosigkeit schafft, der ist ein „Abschwächler".
Abschwächler müssen sich ins Eck stellen und schämen. Strafe muss sein. Und im Suff stehen zu müssen, ist wirklich eine harte Strafe. Ja, die Sauf-Regeln sind sehr streng. Wer nicht gleich komplett exkommuniziert werden will, der muss allermindestens das Kotz-Stadium „übersaufen". Doch heute wird keiner aus dem „Club der toten Säufer" verbannt. Keiner muss sich schämen. Alle haben bereits das Stadium der Bewusst-

losigkeit errungen. Sie haben hart gekämpft und teilen sich nun den wohlverdienten 3. Platz. Mehr kann man im Augenblick noch nicht sagen. Aber vielleicht fällt ja doch noch einer ins Koma und kann somit Platz 2 ergattern. Atmen einstellen und Platz 1 sicherstellen wäre natürlich noch besser. Wir drücken unseren lieben Suffis natürlich feste die Daumen.
Ende.

Pralle Notizen:

Druffe Notizen:

Medikamentöse Notizen:

Nicht stoffgebundene Notizen:

Kapitel 2:

Ein schizophrenes Märchen

(Die WG der Irren)

In unserer Heimatgalaxie gibt es einen Planeten namens Pannterra. Der Planet Pannterra ist unserem Planeten Terra (Erde) recht ähnlich. Es gibt dort Land, Wasser und Luft. Zudem gibt es Städte, Dörfer und Häuser.
Es gibt sogar Elektrizität. Nur die Zeit vergeht dort etwas anders als auf Terra. Darum werden die meisten Bewohner von Pannterra ziemlich alt. Die meisten Bewohner von Pannterra sind aber nicht nur ziemlich alt, sondern auch ziemlich gaga. Pannterra ist nämlich das Irrenhaus der Milchstraße.
- Denn alle andren Planeten schieben ihre Irren ab...
auf Pannterra. Und diese Irren zeugen dann miteinander noch mehr Irre auf Pannterra.
Die meisten Irren auf Pannterra kommen ursprünglich von der Erde (Terra). Die Erde beziehungsweise Terra bringt wesentlich mehr Irre hervor als

alle anderen Planeten der Milchstraße. Das hängt damit zusammen, dass alle anderen Wesen intelligenter sind und natürlicher leben als die Terraner (Erdenbewohner / Erdlinge).

Die Terraner leben am unnatürlichsten und daher bringen sie mehr Neurotiker und Psychotiker hervor als alle anderen Planeten. Die Erd-bewohner ändern ihre Lebens-weise jedoch nicht, sondern bringen einfach ihre Irren nach Pannterra. Darum heiß Pannterra auch Pannterra: Weil da Viele von Terra leben... die total „panne" sind. - Pannterra.

Pannterra eignet sich so gut, um Irre ab zu schieben, weil Pannterra riesengroß ist und leer. Abgesehen von ein paar Ureinwohnern. Fledermäuse und ähnliches Getier.

Die Fledermäuse hier sind recht groß. Die Fledermäuse von Pannterra sind ungefähr halb so

groß wie die Menschen von der Erde. Aber dafür doppelt so intelligent. Manche Fledermäuse nennen die Erdlinge sogar frotzelnd: „Niederes Erdenpack" oder gar „Niedere Lebensform".
- Das ist nicht wirklich nett, aber leider wahr. Manchmal kommen Besucher von allen möglichen Planeten und begaffen die Irren auf Pannterra wie Zoo-Tiere. Und wenn Erdlinge unter den Besuchern sind, dann begaffen die Fledermäuse wiederum die gaffenden Erdlinge. Manchmal versuchen die Fledermäuse sogar die Erdlinge zu füttern. Und die Erdlinge finden das auch noch witzig. Witz hin oder her, die Besucher bleiben nie besonders lange. Pannterra ist ihnen unheimlich. Keiner, der bei klarem Verstand ist, will freiwillig hier leben. - Da man auf Pannterra so furchtbar alt wird. Pannterra ist ein Planet, auf dem Sterben schier unmöglich ist. Man wird hier

höchstens alt, senil und inkontinent… und schizophren. Wenn man es nicht schon vorher war. Aber nun zur Erdkunde bzw. Pannterrakunde: Das größte Land auf Pannterra heißt Fledermaus-land. Dort leben die Fledermäuse. Die Fledermäuse haben lange Schwänze.

Die meisten Fledermäuse sind nicht ganz dicht… aber harmlos. - Ausnahmen bestätigen die Regel. Meistens leben die Fledermäuse von Pannterra in Häusern und Städten.

In Fledermausland liegt eine kleine Stadt namens Seppeltura. In Seppeltura steht ein kleines Haus. In diesem kleinen Haus lebt eine kleine Wohngemeinschaft.

In dieser WG leben sieben Schizophrene:

Parzi, Hermi, Stasi, Kati, Resi, Simpl und Zottel.

Herr Parzival (Parzi) ist ein Ritter des Menschengeschlechts aus England vom Planeten Terra und

er hat eine paranoide
Schizophrenie. Parzival wurde
von seinem Heimatplaneten
verbannt, weil er immer irgendwas
von einem „heiligen Gral"
geschwafelt hat. Das war voll
nervig. Es gibt sogar noch mehr
von diesen Eso-Spinnern
(Esoterikern). Aber die suchen
ihren komischen Gral wohl heute
noch. Dabei weiß doch jeder,
dass der heilige Gral längst
gefunden wurde: Der G-Punkt.
Neben Parzi gibt es noch Hermi.
Herr Hermes (Hermi) ist der
griechische Gott des Olymps und
er hat eine hebephrene
Schizophrenie. Er ist faul und
flapsig. Wegen seiner Faulheit
wurde er von Zeus verstoßen.
Und wegen seinem Gestank.
Die Flapsigkeit war Zeus übrigens
egal. Aber die Stinkerei nicht.
Ganz und gar nicht. Herr Stinker-
Hermi hält Körperpflege nämlich
für überbewertet. Neuerdings.

Neben Parzi und Hermi gibt es noch Stasi. Herr Exstasi (Stasi) ist eine Fledermaus aus Fledermausland. Herr Exstasi hat auch eine paranoide Schizophrenie sowie der Ritter Parzival. Herr Exstasi bildet sich ein, er sei ein Ex-Stasi-Spitzel. Herr Exstasi hatte mal Stasi-Geschichten gehört von den Menschen hier. - Und gleich übernommen. Dass es auf der Erde, keine sprechenden Fledermäuse gibt, weiß er nicht. Drum wundert er sich auch kein bisschen, wenn er in den Spiegel schaut. Wieso sollte eine Fledermaus denn kein Stasi-Spitzel sein?! Stasi-Fledermaus hin oder her: Die Stasi hat ihn hier her verbannt (glaubt er). Er sollte seine eigne Familie bespitzeln. Doch er weigerte sich.
Herr Exstasi bildet sich so manches ein. Zudem hat Herr Exstasi eine Vorliebe für bunte Pillen: Tabletten, Smarties, Anti-

Baby-Pillen, Viagra, Ecstasy…
egal… Hauptsach' Pillen.
Herr Exstasi glaubt, die Pillen
würden eine unangenehme
Körperausdünstung bewirken.
Und das ist genau das, was er
will. Er will stinken… wie ein
Stinktier… oder zumindest so wie
Stinker-Hermi. Stasi hat nämlich
Angst gefressen zu werden.
Der paranoide Stasi meint, er
könne zumindest geruchs-
empfindliche Feinde mit seinem
imaginären Gestank vertreiben.
Er kam nicht auf die Idee, einfach
mal die Körperhygiene ein zu
stellen… so wie Hermi. - Es
würde ihm aber auch gar nichts
nützen, so zu stinken wie Hermi.
Hermis Gestank ist zwar ekelhaft,
aber dennoch kein ausreichender
Schutz gegen potenzielle Feinde.
Neben Parzi, Stinker-Hermi und
Möchtegern-Stinker-Stasi gibt es
noch Kati. Frau Katarina (Kati) ist
halb Fledermaus und halb Yeti.
Sie kommt aus Fledermausland

und sie hat eine katatone
Schizophrenie. Kati ist nicht so
ganz einfach in der Handhabung.
Und drum wollten sich nicht mal
mehr Mama Yeti und Papa
Fledermaus um sie kümmern.
Neben Parzi, Hermi, Stasi, und
Kati gibt es noch Resi. Frau Resi
ist ein Steinkrebs von Luna
(Mond). Mond-Steinkrebse sind
ungefähr so groß wie Erden-
Menschen, aber nicht so dumm.
Resi hat ein schizophrenes
Residuum. Ihr ist alles egal.
Seit Resi so gleichgültig ist, ist sie
auch allen anderen gelichgültig.
Neben Parzi, Hermi, Stasi, Kati
und Resi gibt es noch Simpl.
Herr Schizo-Simpl ist ein Mensch
von Terra und er hat eine
Schizophrenia simplex.
Oder er hat eine Persönlichkeits-
störung. Oder er ist halt einfach
ein Eigenbrötler. Und wer mag
schon Eigenbrötler.
Neben Parzi, Hermi, Stasi, Kati,
Resi und Simpl gibt es auch noch

Zottel. Herr Zötlär-Zottel ist ein Wookie-Krieger von Kashyyyk und er hat eine zönästhetische Schizophrenie. Zottel wurde von seinem Heimatplaneten entfernt, weil er ein komischer Kerl ist. Er hat komische Leibeswahrnehmungen. Aber vielleicht liegt es gar nicht so sehr an Zottel selbst, sondern eher an seinem sozialen Umfeld. Man weiß es nicht so genau. Zottel ist der Sensibelste in seiner Familie. Vielleicht sind seine seltsamen Symptome lediglich Reaktionen auf die Missstände in seiner Familie. Alle Wookiees in Zottels Familie sind große Krieger. - Und sie erwarten von ihm, dass er auch ein großer Krieger sein soll. Aber Zottel ist im tiefsten Inneren seines Herzens ein pazifistischer Hippie. - Da muss man ja durchdrehen… als einziger Hippie in einer Krieger-Familie. Vielleicht sind alle Schizophrenen einfach nur besonders sensibel.

…Und brauchen einfach nur bedingungslose Wertschätzung. Wie auch immer. Nun noch ein paar Worte zu Stasi:

Herr Exstasi (Fledermaus mit paranoider Schizophrenie) geht kaum noch in die Stadt.

Stasi verlässt kaum noch das Haus, denn er hat Angst vor den Terranern. Er sieht den Terranern an, dass sie ihn fressen wollen. Sie sehen ihn an und denken:

Wir kommen! Wir kommen, um dich zu holen! Und dann kommst du auf den Grill!

Momentan tapeziert Stasi sein Zimmer mit Spiegelfolie, damit seine Gehirnwellen nicht auswertbar sind. Er glaubt, so könne er seinen Standort geheim halten. Stimmen hört er übrigens auch ab und zu, der gute Stasi.

Während Stasi tapeziert, sitzt Parzival in seinem Zimmer und glotzt TV. Herr Parzival (englischer Ritter mit paranoider Schizophrenie) hört auch

Stimmen. Eine Stimme sagt über Parzival: *Er ist das nutzloseste Mitglied seiner feigen, jämmerlichen Rasse!*
Woraufhin eine andere Stimme entgegnet: *Das stimmt nicht. Er ist nicht nutzlos. Er ist doch immerhin ein Ritter! Und außerdem ist Resi die Nutzloseste hier… Die tut nämlich überhaupts glei gar nix!*
Dann hört Parzi eine Stimme, die ihm befiehlt: *Töte sie! Töte sie alle! Und beeil dich!*
Parzival sieht im Fernseher viele Schauspieler lächeln. Er denkt, dass sie ihn ermutigen wollen.
Ein Schauspieler sagt zu Parzi: *Sie planen bereits deine Ermordung! Siehst du das denn nicht?! Du musst ihnen zuvor kommen! Schnell! Bevor es zu spät ist!*
Parzi geht in die Küche. Er will kochen, um sich abzulenken.
Doch die Stimmen werden immer penetranter. Parzi sieht das Küchenmesser. Die Stimmen

werden immer lauter. Er will ihnen
gehorchen, um sie zum
Schweigen zu bringen.

Parzi nimmt das Messer in die
Hand und macht sich damit auf
den Weg… um seine Mit-
bewohner zu töten. Er bewegt
sich wie ferngesteuert (fremd-
bestimmt). Parzival hört eine
Stimme. Diese Stimme beschreibt
was er gerade macht. Die Stimme
kommentiert ihn: *Er geht gerade
zu Stasi.*

Das Zimmer gegenüber gehört
Herrn Exstasi, welcher gerade
renoviert. Herr Exstasi (paranoide
Fledermaus) hält sein
Fledermausohr an die Zimmertür
und lauscht was draußen vor sich
geht. Er hört Schritte auf ihn
zukommen. Schnell springt er
zum Fenster, öffnet es und fliegt
hinaus. Er muss sowieso zum
Einkaufen. Die Pillen sind alle.
Alle. Gerade verschwindet der
Rest vom langen Fledermaus-

schwanz, da stürmt auch schon
der paranoide Parzival herein.
Mit erhobenem Messer steht er in
Stasis Zimmer. Doch wo ist Herr
Exstasi? Parzival entdeckt
lediglich das offene Fenster.
Sofort macht er kehrt und geht ein
Zimmer weiter.
Ein Zimmer weiter sitzt Herr
Hermes (griechischer Gott mit
hebephrener Schizophrenie).
Hermes wurde vom Olymp
geschmissen, weil er seinen
Aufgaben nicht länger nachkam.
Hermes ist einerseits der Schutz-
gott des Verkehrs, der Reisenden,
der Kaufleute und der Hirten.
Und andererseits ist er der Gott
der Diebe. Zudem Gott der Kunst-
händler, der Redekunst, der
Gymnastik und der Magie.
Darüber hinaus ist er der Götter-
bote und fungiert somit als
Sprachrohr des Zeus.
Des Weiteren führt Hermes die
Seelen der Verstorbenen in die
Unterwelt (Hades). Ja, viel zu tun

hat unser guter Hermi. Eigentlich.
Hermi hat sein Zimmer schon
lange nicht mehr verlassen.
Nicht mal zum Duschen. Er hat ja
auch Wichtigeres zu tun. Er muss
über den Sinn des Lebens
sinnieren. Doch plötzlich stürzt
Parzi herein. Als Hermi seinen
Mitbewohner mit dem Küchenmesser erblickt, sagt er
übertrieben dramatisch und
zugleich frotzelnd: „Sei will-
kommen, Meister Patzig. Kennst
du den Sinn des Lebens? …Du
musst ihn kennen… Denn du
bringst ihn mir… Der Sinn des
Lebens ist… der Tod… Bald führe
ich mich selbst in das Reich des
Hades… So sei es… Walte
deines Amtes… du alter
Schlidupü."
Hermi steht auf und zwickt Parzi
in den Po. Den Po-Zwicker deutet
Parzi als Zeichen von wahrer
Freundschaft und lässt sofort ab
von Hermi. Parzi probiert's ein
Zimmer weiter. Da sitzt Frau

Katarina (Yeti-Fledermaus mit katatoner Schizophrenie) starr auf ihrem Bett. Die Yeti-Fledermaus ist eh zu groß und zu dick, um durchs Fenster zu entkommen. - Aber sie würde es auch gar nicht erst versuchen. Parzi stürmt mit dem Messer auf sie zu. Doch die haarige Fledermaus rührt sich nicht vom Fleck. Parzi bleibt stehen, lässt langsam das Messer sinken und legt es schließlich weg. Mit beiden Händen schuppst er Katarina um. Kati kippt (mit angewinkelten Fledermaus-beinchen) auf ihre pelzigen Flügel. Parzi hält Kati für tot. Dabei ist sie hellwach. Aber das weiß er ja nicht. Parzi nimmt sein Messer, verlässt Kati und besucht Resi. Frau Resi (Steinkrebs mit schizophrenem Residuum) liegt in ihrem Bett und schläft wie meistens. Resi ist oft müde und hat selten Lust überhaupt irgendwas zu tun. Das Krebs-weibchen hat eigentlich Putzdienst. Aber das interessiert eher weniger. Auf ihrem Heimatplaneten Luna interessierte Resi sich nicht mal mehr für ihre eigene Familie. Drum ist Resi nun auf Pannterra. Und flackt faul rum. Doch da stürmt auch schon der paranoide Parzi herein. Er sieht Resi schlafen. Parzi hält auch sie für tot und geht wieder. Von dem vielen Rumgerenne ist er auch schon ganz müde. Parzi geht in sein Zimmer, um sich etwas aus zu ruhen. Zudem glaubt der paranoide Ritter, eine gute Fee habe seine bösen Feinde ausgeschaltet. Auf wundersame Weise. Wie sonst kann es sein, dass seine Feinde von ganz alleine sterben?

Feenzauber hin oder her: Die paranoide Fledermaus Stasi hat alles durchs Fenster beobachtet. Stasi fliegt zu Herrn Schizo-Simpl. Der Simpl hat sein Fenster immer sperrangelweit auf. Er mag halt frische Luft. Schizo-

Simpl ist ein Mensch mit Schizophrenia simplex oder Persönlichkeitsstörung oder chronischer Eigenbrötlerei. Stasi will Schizo-Simpl verschrecken, da er ihn für einen Spitzel der Terraner hält. Macht ja auch durchaus Sinn. Denn der Schizo-Simpl ist ein Einzelgänger und er hat auch gar keine Freunde. Sowas ist ja immer verdächtig. Und Veganer ist er auch noch. Herr Schizo-Simpl sitzt auf seinem Bett. - Im Schneidersitz mit verschränkten Armen. Regungslos. An der Wand über ihm hängt ein großes Schild mit großen Buchstaben drauf. Stasi prescht herein und schwirrt hektisch um Schizo-Simpl herum. Den Schizo interessiert das nicht sonderlich. Stasi fliegt ihm mitten ins Gesicht. Doch der Simpl registriert das nicht einmal. Er sitzt immer noch da wie eine Statue. Stasi liest die Großbuch-

staben auf dem Schild über Simpl.
Da steht: NICHT ANSPRECHEN!
Stasi denkt sich: *Wer nicht
spricht, der kann mich auch nicht
denunzieren.*
- Für einen Schizophrenen ist das
eine recht logische Schluss-
folgerung. Stasi schwirrt ab…
in sein eigenes Zimmer. Um ein
bisschen ab zu hängen. Zufrieden
hängt Stasi von der Decke -
verkehrt herum - und schläft den
Schlaf der Gerechten. Er hat's
auch bitter nötig. Er hat schon seit
Tagen nicht mehr gescheit
geschlafen. - Vor lauter
Nervosität. Die ständige Angst
(gefressen zu werden) ist sehr
anstrengend. Während dessen
brötelt der Simpl friedlich vor sich
hin. Und unser Parzi? Was macht
eigentlich der? - Der träumt von
längst vergangenen Tagen…
von alten Heldenzeiten…
von Rittern… und von einer
Tafelrunde… und von einem Gral,
der in der Sonne funkelt…

Ende gut, alles gut.
Und sie lebten glücklich und
schizophren bis an ihr Ende.
Halt halt halt, nich' so schnell...
was is' denn nu mit...
Herrn Zötlär-Zottel? Ihr wisst
schon, der Wookie mit
zönästhetischer Schizophrenie.
- Ja, der Zottel ist auch noch da.
Zottel treibt sich irgendwo im
Wald herum, weil er ein
merkwürdiges Leiden hat.
Es kommt ihm manchmal so vor
als würden seine Extremitäten
ganz groß werden... Noch viel
größer als sie eh schon sind.
Und alles von ihm wird immer
länger. Als läge er auf einer
Streckbank. Seine Kopfhaut
prickelt, sein Fell zuckelt und
sowieso ist alles irgendwie
komisch. Seit Jahren hat er immer
mal wieder diese seltsamen
Wahrnehmungen und Leibes-
missempfindungen. Drum ist er
auf Pannterra. Der arme Zottel
war seiner Familie zu unheimlich.

Nun sucht er ein paar lustige Pflanzen zum fressen.
- Vorzugsweise Fliegenpilze, Tollkirschen oder Peyote-Kakteen. Um seine skurrilen, physischen Eindrücke zu kompensieren. Zottel findet zufällig ein paar verdächtige Sträucher, die er selbst mal angebaut hat. Aber zu diesem Zeitpunkt war Zottel auf einem Trip. Drum weiß er jetzt nichts mehr davon und freut sich nun tierisch über seinen unverhofften Fund. Vergnügt springt er durch den Wald wie ein kleines, süßes Wookie-Baby. Von da an lebte unser lieber Zottel glücklich und halluzinatorisch bis an sein Ende.
Doch unsere Geschichte hier ist immer noch nicht ganz zu Ende.
Kati (Yeti-Fledermaus mit katatoner Schizophrenie) im Sperrzustand wechselt nun in einen Erregungszustand.
Sie schreit wie am Spieß und schlägt um sich wie eine

Verrückte. Plötzlich springt sie auf, prescht durchs Zimmer und fliegt zum Fenster raus. Sie bleibt jedoch im Fenster stecken mit ihrem dicken Yeti-Hintern und schreit jetzt natürlich erst Recht. Unter Katis Fenster geht ein Passant vorbei. Er hat eine postschizophrene Depression. Er sieht Kati und denkt sich: *Schnell weg, bevor sie mich auch noch in ein Fenster sperren! Zur Abschreckung für die anderen Bekloppten… Therapie ist auch nicht mehr das was es mal war.* Er überlegt lange - ob er schnell weg laufen soll - ist aber dann doch zu depressiv.

Ein weiterer Passant - mit undifferenzierter Schizophrenie - schüttelt den Kopf und schimpft laut: „Bei denen geht's ja zu wie im Irrenhaus! Die sind eine Schande für die ganze Nachbarschaft! Wenn das so weiter geht, dann passiert bestimmt noch was ganz

Schlimmes! Warum müssen die immer so rum lärmen, diese elenden Rabauken! Die beschwören noch den Weltuntergang herauf! Das hat man mir persönlich mitteilen lassen… von höchster Stelle! Eingesperrt gehören die…!"

Und er schimpfte und lebte weiter. Beziehungsweise er schimpfte glücklich und zufrieden bis an sein Ende.

Und alle lebten glücklich und schizophren bis an ihr Ende… beziehungsweise bis zum Weltuntergang ;)

(Schizophrene) Notizen:

Kapitel 3:

Ein affektives Märchen

(Die Deppmanns und ihre komischen Viecher)

Auf unserem schönen Planeten Erde in einem schönen Land lebt Familie Deppmann in einem schönen Haus (mit einem schönen Garten natürlich). Die Deppmanns haben viele Tiere… mit seltsamen Verhaltensweisen. Die Viecher sind verzaubert. Denn Deppmann Junior hat die Tiere verhext vor einigen Jahren… aus Versehen. Junior hatte den Zauberspruch aus dem Internet. Eigentlich wollte er machen, dass er mit Tieren sprechen kann. Der Zauberspruch ging allerdings schief und nun können die Tiere sprechen. Alle Tiere in Juniors Umfeld können sprechen… aber nur miteinander. Zudem hat der Zauberspruch einige Nebenwirkungen. Der Zauber macht die Tiere menschlich beziehungsweise gestört.

Nebenbei bemerkt: Alle Tiere waren beim Tierarzt. Der organische Befund war jedoch negativ. Theoretisch sind die Tiere pumperlgsund. Theoretisch. Praktisch sind sie affektiv gestört.

Nun zum Tier-Bestand:

Herr und Frau Deppmann haben drei junge Katzen und einen alten Hund. Die Katzen heißen Manni, Larvi und Muschi. Der Hund, ein Dackel, heißt Bipo. Vor kurzem hatten die Deppmanns noch einen alten, depressiven Pudel namens Epi. Doch dieser hat sich selbst im Bach ertränkt. Er hatte eine depressive Episode. Mal wieder. Dass Epi im Bach ertrunken ist, hätte auch auf eine narzisstische Persönlichkeitsstörung hin-weisen können. - Da er oft und lang sein Spiegelbild im Bach betrachtete... So wie der berühmte Narziss. Dieser ertrank, weil er aus lauter Selbstverliebtheit ins Wasser stürzte.

Zurück zu Epi: Die anderen Tiere hielten Epi für eingebildet und selbstverliebt. Wegen seinen Pudellocken. Aber Epi stürzte nicht in den Bach, weil er so verliebt in sein Spiegelbild war. Epi war nicht selbstverliebt. Im Gegenteil. Er liebte sich selbst ganz und gar nicht. Narzisstische Persönlichkeitsstörung scheidet somit aus. Stattdessen lautet die Diagnose: Depressive Episode. Epi war depressiv verstimmt, antriebslos, grüblerisch, energielos, appetitlos, schlaflos und suizidal. Zudem hatte er Konzentrationsschwierigkeiten, sowie ein vermindertes Selbstwertgefühl. Wenn Deppmann

Junior mit ihm spielte, war Epi meist lustlos und wurde schnell müde und unaufmerksam.

Er hatte nicht mal mehr Lust Stöckchen zu apportieren.

- Geschweige denn Pfötchen oder gar Bussi zu geben. Sogar Platz und Sitz zu machen, war ihm schon zu anstrengend. Zudem taten ihm die Haxen weh. Er war nicht länger der beste Freund des Menschen. Das bereitete ihm große Schuldgefühle. „Du bist kein guter Hund. Es wäre besser, man würde dich einschläfern und irgendwo verbuddeln." sagte der trüb-selige Epi immer zu seinem trübseligen Spiegelbild. Vor ein paar Jahren hatte Epi schon mal eine Depressive Episode. Diese verschwand aber von alleine wieder. Doch nach ein paar Jahren kam sie wieder…

und schlimmer als je zuvor…
und endete in Deppmanns
Bach.
Nun wieder zu den Lebenden:
Deppmann Junior hat zwei
kleine Hamster. Der männliche
Hamster - namens Agi - läuft
unaufhörlich in seinem
Hamsterrad. Mit gedrückter
Stimme beklagt er sich ständig
bei Frau Hamster: „Goldie, das
Laufen im Hamsterrad ist so
anstrengend. Aber still sitzen
kann ich auch nicht. Dabei bin
ich doch so müde. Aber
schlafen kann ich auch nicht.
Seit Wochen geht das schon
so. Immer muss ich über
irgendetwas nachdenken. Mein
Leben dreht sich im Kreis. Ich
lauf im Kreis…. Ich lauf im
Hamsterrad. Nicht nur ich lauf
im Hamsterrad, sondern auch
meine Gedanken. Ich hab gar
nichts erreicht in meinem

Leben. Ich lauf nur noch im Kreis. Mein Leben ist so sinnlos… und anstrengend. Und zum Laufen muss ich mich auch schon zwingen. Ich bin ein mieser Hamster. Sogar Deppmann Junior meidet mich schon." Nervös und jammernd läuft Agi weiter in seinem Rad. Er hat eine agitierte Depression. Währenddessen zerkratzt der manische Kater Manni den teuren Fernsehsessel von Herrchen. Manni wird von Herrchen erwischt und fliegt sofort raus. Draußen vor der Tür sitzt die lebensmüde Maus Popa mit postpartaler Depression. Popa hat vor kurzem Junge geworfen und hat jetzt eine Wochenbettdepression. In ihrer Todessehnsucht sagt die postpartaldepressive Maus zum manischen Kater: „Ich will nicht mehr leben." …Und lässt sich widerstandslos von Manni fressen. Dem ist es völlig egal, dass sein Fresschen nicht nur die klassischen „Heultage" hatte, sondern eine echte postpartale Depression. Popa-Depression hin oder her… Hauptsache der Kater-wanzt ist voll. Nun springt der manische Kater ins Depp-mannsche Blumenbeet und verwüstet es wie verrückt. Nun zum Dackel: Der alte Bipo liegt seit Monaten antriebslos in seinem Körbchen und schaut ganz traurig. Die Hundeaugen starren ins Leere. Der Dackel-blick ist trübselig. Doch plötzlich springt Bipo hoch und stürzt sich auf die Lieblingsschuhe von Frauchen. Bipo hat eine bipolare Störung. Wie wild zerfetzt er Frauchens gutes Schuhwerk. Doch Frauchen sieht das Gemetzel und der bipolaren Dackel wird sofort raus gejagt. - Unter hysterischem Gekreische. Der Dackel springt raus in den Garten. Dort wütet bereits der manische Kater im Blumen- beet. In den letzten Monaten war der alte Bipo zu depressiv, um Manni zu jagen. Heute aber nicht. Heute ist ein guter Tag zum Jagen. Und in den nächsten Wochen (oder gar Monaten) wird der bipolare Bipo wohl auch vom Jagdfieber getrieben sein. Er rast auf Manni zu… und dieser flüchtet in Richtung Bach. Die Jagd ist eröffnet: Manni will über den breiten Bach springen… um seinen stummelfüßigen Verfolger ab zu schütteln. Doch auch für Manni ist der Bach zu breit. Aber Manni - in seiner Manie - bildet sich ein, er

könne fliegen... und springt...
in den Bach. Der Dackel kugelt
sich vor Lachen und kann gar
nicht mehr aufhören. Der Kater
schwimmt ans andre Ufer und
bespringt Nachbars Lumpi.
Lumpi ist ein Spitz. Doch das
ist dem manischen Kater egal.
Dem Spitz auch. Der sagt
lediglich: „He, ich habe
Rücken." Ihm ist alles egal.
Er schleckt sich nicht mal mehr
die Eier. Dem alten Lumpi
geht's hundsmiserabel. Ständig
ist er müde. Er vergräbt nicht
mal mehr seinen Lieblings-
knochen. - Und wenn doch,
dann weiß er später nicht mehr
wo. Lumpi kann sich nichts
mehr merken. Er ist ja auch
schon alt. Ihm tut der Rücken
weh und sein Chappi will er
auch nicht mehr fressen. Außer
grübeln tut er eigentlich gar
nichts mehr. Nicht mal mehr

Nachbars Larvi verjagen, wenn sie die Rosen düngt. Nur noch rum liegen und grübeln. Tag ein Tag aus: Das alte Leid.

Richtige Hundstage sind das. Vor ein paar Monaten hat sich sein Nachbar Epi, der Pudel, suizidiert. Seitdem hat sich Lumpi sehr verändert. Früher war der Spitz sehr agil. Alle Katzen hat er verjagt. Und alle Hunde besprungen. „Spitz wie Nachbars Lumpi" eben. Heute bespringt er nicht mal mehr den Postboten. - Er beschnüffelt ihn noch nicht mal mehr… obwohl der wirklich komisch riecht. Lumpi grübelt nur noch darüber, ob er Epi irgendwie hätte retten können. Er macht sich Schuldvorwürfe. Er ist antriebslos, freudlos, hoffnungslos, schlaflos und schwermütig. Der Spitz überlegt sich, ob er seinem

Freund in die ewigen Jagd-
gründe folgen soll. Lumpi hat
eine Altersdepression. Der alte
Lumpi hat keine Demenz,
sondern eine Pseudodemenz,
da er noch voll orientiert ist.
Verlaufen tut sich Lumpi nie.
Er läuft aber auch nicht mehr
sonderlich viel.
Aber nun zurück zu Manni und
Bipo: Bipo hat sich mittlerweile
wieder eingekriegt und läuft
nun - außen rum - über die
Brücke... zielstrebig in
Nachbars Garten. Er rempelt
Manni runter von Lumpi... und
fällt selber auf die Schnauze.
Der bunte Viecher-Haufen
streckt nun alle Viere von sich.
Erstmal. Mittlerweile ist es ja
schon fünf vor zwölf. Und
morgen ist ja auch noch ein
guter Tag zum „Gestörtsein".
Die Uhr schlägt Mitternacht.

Die Viecher schlafen bereits tief und fest. - Was man am lautstarken Schnarchen erkennen kann. Doch drei Stunden später ist der manische Kater schon wieder hellwach. Manni hat so laut gefurzt, dass er sogar selber davon aufgewacht ist. Manni - in seinem gesteigerten Antrieb - schreit den alten Bipo an: „Steh auf, du fauler Hund!" Der faule Hund knurrt etwas gereizt, bleibt aber liegen. Manni schreit weiter: „Steh endlich auf, du alter Dackel!" Jetzt reicht's aber! In einem Satz springt der bipolare Dackel hoch. Schnell kratzt Manni die Kurve. Die Jagd geht weiter. Lumpi hält sich genervt die Pfoten vor die Augen. Manni und Bipo hetzten manisch durch die Gärten. Stundenlang. Von weitem wird das Szenario beobachtet von

Larvi, welche in den Rosen-
büschen hockt. Larvi könnte
auch irgendeine ganz schlimme
Störung haben. Vielleicht eine
Larvierte Depression. Aber das
ist nicht so ganz klar. Denn sie
geht ja nicht zum Psychiater.
Auf jeden Fall macht ihr das
Rosendüngen nicht mehr ganz
so viel Spaß wie früher. Könnte
aber auch an ihrer chronischen
Obstipation liegen. Larvi ist faul
geworden und maust nicht
mehr so oft wie bisher. Ihr geht
es nicht wirklich schlecht…
abgesehen von dem Herz-
schmerz. Sie war liiert mit
Manni, dem Schmuser.
Der manische Manni - der alte
Rumtreiber - hat sie jedoch
verlassen… Wegen einer
Jüngeren. Manni schmust nun
lieber mit der dicken Muschi.
Was für ein Katzenjammer.

Großes Herzeleid. - Was Larvi allerdings nie zugeben würde. Den anderen gegenüber behauptet sie immer: „Mein einziges Problem sind diese verdammten Kopfschmerzen!" Nun sitzt sie da und beobachtet gelangweilt das Treiben von ihren Mitbewohnern Manni und Bipo. Plötzlich geht die Hintertür des Hauses auf und der bipolare Bipo jagt den manischen Manni hinein.

Frau Deppmann schimpft ihren Sohn: „Junior, ich hab dir doch gesagt, du sollst diese Raufbolde draußen lassen! Mach lieber, dass du in die Schule kommst!" Bipo und Manni jagen quer durchs Haus. Im Eifer des Gefechts rempeln die Raufbolde gegen den Tisch mit dem Hamsterkäfig. Dieser fällt zu Boden, das Türchen springt auf... und die beiden

Nager fallen raus. Die Hamster
Agi und Goldie kucken verdutzt.
Mit einem Happs frisst der
manische Kater den
jammernden Hamster auf.
Goldie, die Frau des Jammer-
Hamsters stöhnt: „Endlich ist
das Theater mit dem alten
Jammerlappen vorbei!"
Junior schreit, schimpft und
rettet Goldie gerade noch vor
dem manischen Katermaul.
Nun will Junior die Raufbolde
wieder zur Tür raus scheuchen.
Welch ein gar schwieriges
Unterfangen. Als Junior die Tür
öffnet, springt Muschi hinein.
- Mit einem Geschenk in der
Schnauze. Sie hat einen Vogel
gefangen. Ob der Vogel auch
suizidal war (sowie die
depressive Maus Popa vorhin),
ist jetzt leider nicht mehr nach-
vollziehbar… Es ist aber sehr
wahrscheinlich, dass der Vogel

auch mindestens schwer depressiv war. Denn Muschi ist auch nicht mehr die Schnellste. Sie wird gut gefüttert und ist bereits a bisserl fett. Nun verteilt Muschi den vermutlich gestörten Vogel im ganzen Zimmer. Was für eine Schweinerei… naja, Vögelei… äh Vogelerei. Frau D. schimpft lautstark mit der dicken Muschi: „Du bist eine ganz eine Böse! Ja eine ganz eine Böse bist du!" Larvi beobachtet das Ganze, hat aber keine große Lust sich ein zu mischen. Was soll sie sich auch rum ärgern mit diesem komischen Haufen. Die irren Viecher wüten durch die Gegend als gäbe es kein Morgen.
Und wenn sie nicht gestorben sind… dann sind sie noch heute affektiv gestört.
So. Aus die Maus.

Manische Notizen:

Depressive Notizen:

Bipolare Notizen:

Kapitel 4:

Ein persönlichkeits-gestörtes Märchen

(Solche Zwudscherl)

Auf der Erde gibt ein wunderbares Land im Wald namens Zwudscherlland.
Dort leben die Zwudscherl.
Die Zwudscherl sind kleine Geschöpfe, die sich recht gut verstecken können. Darum bekommen wir Menschen die Zwudscherl auch nicht zu Gesicht.
Die Zwudscherl sind seltsame Kreaturen, die in kleinen Hütten aus Blättern und Zweigen hausen.
Die Zwudscherl sind kleine, haarige, hellblaue Gestalten mit zwei Beinchen und vier Ärmchen.
Zudem verhalten sich manche von ihnen etwas merkwürdig. Die Sonderbarsten unter ihnen, sind die mit den Persönlichkeits-störungen. Die größte Stadt von Zwudscherlland heißt Zwudscherl-stadt. Das größte Dorf heißt Zwudscherldorf. In Zwudscherl-dorf lebt der Zwudscherl Parlan.
Parlan hat eine paranoide Persönlichkeitsstörung. Parlan ist misstrauisch, selbstbezogen,

rechthaberisch, unbelehrbar und streitsüchtig. Und einsam. Er traut niemandem. Parlan hat kaum Kontakt zu den anderen Dorfmitgliedern. Parlan kontaktiert lediglich den Wachtmeister des Dorfes. Und das regelmäßig. Momentan sitzt Parlan auch wieder auf der Wache, um eine Anzeige zu erstatten: „Herr Wachtmeister, die haben mir schon wieder einen Streich gespielt. Diesmal haben sie mir heimlich Drogen unter gejubelt. Mir ist ganz komisch. Herr Wachtmeister, Sie müssen rausfinden, wer das war! Ich vermute ja eine Verschwörung. Die können mich nicht leiden, weil ich hier der einzig Normale bin. Die meinen es bestimmt nicht böse, die armen Irren. Die sind halt etwas zurückgeblieben. Aber man kann ihnen ja auch nicht alles durchgehen lassen!" Der gutmütige Wachtmeister erwidert schmunzelnd: „Ach Parlan, hast du mal wieder was Falsches gegessen? Du weißt doch, dass du einen empfindlichen Magen hast." Parlan protestiert energisch und besteht weiterhin auf seine Verschwörungstheorie. Neben dem Zwudscherl Parlan gibt es noch die Zwudscherl Querida. Querida hat auch eine paranoide Persönlichkeitsstörung so wie Parlan. Genauer gesagt hat Querida eine querulatorische Persönlichkeits-störung. Im Vordergrund steht das Insistieren auf den eigenen Rechten. Querida ist eine Querulantin. Sie streitet mit jedem im Dorf. Immerzu muss sie andere auf ihre Rechte hinweisen. Freunde hat sie daher nicht. Ihre sozialen Interaktionen beschränken sich aufs Streiten. Doch meistens werden Queridas Querelen einfach ignoriert. Queridas Streit-sucht geht den anderen Dorf-bewohnern ziemlich auf den Sack. Querida ist einsam und leidet darunter. Doch sie kann es nicht hinnehmen, dass die Anderen ihr ständig Unrecht tun. Seit ihrer Kindheit ist Querida ein Querkopf. Als Querida noch klein war, verließ der Vater die Familie. Queridas Mutter suchte sich einen neuen Mann. Querida fühlte sich benachteiligt. Sie glaubte, die Mutter würde dem neuen Mann immer Recht geben. Seither vertraut Querida niemandem mehr. „Wenn man nicht mal mehr der eigenen Mutter trauen kann, ja wem denn dann?!"

Ob Querida wirklich von ihrer Mutter benachteiligt wurde, ist heute nicht mehr nach zu vollziehen. Es ist aber nicht entscheidend, ob Querida nun wirklich benachteiligt wurde oder nicht. Entscheidend ist, dass Querida es so wahrgenommen hat, dass sie benachteiligt wird. Neben Parlan und Qerida gibt es noch Shing. Shing hat eine schizoide Persönlichkeitsstörung.

Shing ist ein introvertierter
Einzelgänger. Shing hat auch
keine Freunde. Aber anders als
der paranoide Parlan und die
querulatorische Querida ist der
schizoide Shing eh am liebsten
allein. Er kommt allein einfach
besser klar. Schon in seiner Kindheit spielte Shing gern allein.
Denn die anderen Kinder hatten
Shing oft gehänselt. Sie riefen ihm
Sprüche hinterher wie „Shing hat
ein kleines Ding" und solche
Sachen. Seither geht er anderen
Menschen lieber aus dem Weg.
Denn seine Eltern sagten ihm
immer: „Wenn jemand gemeine
Sachen zu dir sagt, dann geh
einfach weg und spiel alleine."
Heute ist Shing gern alleine.
Er versteht so wieso nicht, was es
mit diesen Höflichkeitsfloskeln
und Gefühlsduseleien auf sich
hat. Die sozialen Interaktionen der
anderen Dorfbewohner sind ihm
ein Rätsel. Alle wollen immer nur
Spaß, Sex und sonstige

Sinnlosigkeiten. Aber Shing
interessiert sich nicht für Partys
oder sowas. Er interessiert sich
nur für Dinge, die er alleine
machen kann. Shing ist sich
selbst genug.
Neben Parlan, Querida und Shing
gibt es noch Vernon. Vernon hat
eine ängstlich-vermeidende
Persönlichkeitsstörung. Vernon ist
ängstlich, angespannt und
unsicher. Vernon hat auch keine
Freunde sowie Parlan, Querida
und Shing. Aber im Gegensatz
zum schizoiden Shing hätte der
ängstliche Vernon nur allzu gerne
ein paar Freunde. Oder zumindest
einen Freund. Vernon traut sich
jedoch nicht Kontakte zu knüpfen.
Vernon hat sehr große Angst vor
Ablehnung. Schon in seiner Kindheit war Vernon ein sehr sehr
schüchternes Zwudscherl. Vernon
fühlte sich minderwertig. Seine
Eltern hatten nie wirklich viel
Aufmerksamkeit übrig für ihn.

Und die anderen Kinder im Dorf
beachteten ihn auch nicht
sonderlich. Damals wie heute hat
Vernon eine große Sehnsucht
nach Zuneigung, Anerkennung
und Lob. Ihm mangelt es an
Selbstvertrauen und Selbst-
sicherheit. Vernon fühlt sich nicht
liebenswert. Daher ist er so
schüchtern... und bleibt somit
einsam.
Neben Parlan, Querida, Shing
und Vernon gibt es noch Dismas.
Dismas hat eine dissoziale
Persönlichkeitsstörung. Dismas
hat auch keine Freunde sowie
Parlan, Querida, Shing und
Vernon. Aber im Gegensatz zum
ängstlichen Vernon hat der
dissoziale Dismas keine großen
Schwierigkeiten Kontakte zu
knüpfen. Dismas hat jedoch große
Probleme Beziehungen aufrecht
zu halten, weil er noch wesentlich
unsympathischer ist als die
querulatorische Querida.

Dismas klaut, pöbelt, schlägert und macht sowieso was er will. Er hat kein Gewissen und kein Herz. Die Gefühle anderer sind dem Rüpel völlig egal. Dismas lebt frei nach dem Motto „Fressen oder gefressen werden." Er ist ein rücksichtsloser Egoist und kennt keine Tabus. Zudem sind eh die Anderen schuld, da sie ihn ja ständig provozieren. Und dumm sind sie auch noch. Dismas hat eine geringe Frustrationstoleranz und er ist sehr aggressiv. Zudem ist er nicht lernwillig und wohl auch nicht -fähig. Denn Dismas lernte früh, dass er sich selbst helfen muss. Und heute sieht er keinen Sinn darin, sein Verhalten zu ändern. Als er klein war, ist der Vater abgehauen. Die Mutter war überfordert. Sie lies Dismas alles durchgehen. Ihr war alles egal. In ihrem Liebeskummer vergaß sie alles, sogar ihren eigenen Sohn. Sie zeigte ihm weder Liebe noch Grenzen. So kämpfte sich Dismas allein durchs Leben. Und das tut er heute noch. Neben Parlan, Querida, Shing, Vernon und Dismas gibt es noch die hysterische Hilaria. Im Gegensatz zu den anderen Persönlichkeitsgestörten ist Hilaria jedoch eine Gestörte, die durchaus über Beziehungen verfügt. Über viele sogar. Diese Beziehungen sind jedoch eher oberflächlich. Hilaria will von jedem gemocht werden und sie will immer im Mittelpunkt stehen. Hilaria wirkt zwar recht selbstsicher, ist jedoch sehr verletzlich. Hilaria ist egozentrisch, suggestibel und manipulativ. Hilaria neigt zu affektierter, theatralischer Selbstinszenierung. Hilaria hat eine histrionische Persönlichkeitsstörung. Als Kind fühlte sich Hilaria von ihrem Vater vernachlässigt. Der hatte nur Augen für die Mutter. Nur wenn Hilaria stürzte oder ihr sonst

etwas passierte, wurde der Vater aufmerksam. Heute neigt Hilaria zu Hyperventilation und zu chronischem Flirt-Verhalten.
Sie ist eben eine echte Drama-Queen.
Neben Parlan, Querida, Shing, Vernon, Dismas und Hilaria gibt es noch Borghilde. Borghilde hat eine emotional instabile Persönlichkeitsstörung bzw. eine Borderline-Störung. Wie Hilaria pflegt auch Borghilde diverse Beziehungen. Und diese Beziehungen sind sogar intensiv statt oberflächlich. Aber auch instabil. Borghilde kann nicht gut alleine sein. Sie fühlt sich oft leer und gleichzeitig überspannt. Borghilde neigt zu Stimmungs-schwankungen und Gefühls-ausbrüchen. Sie droht auch gern mal mit Suizid. Den meisten Bewohnern von Zwudscherldorf ist sie zu anstrengend. Borghilde ist schon lange ein anstrengendes Zwudscherl. Borghildes Kindheit

wurde von zwei Extremen geprägt. Das eine Extrem: Der prügelnde Vater.
Das andere Extrem: Die gluckende Mutter.
Borghildes Kindheit war sehr konfliktreich. Heute hat Borghilde Angst, dass sie von ihren eigenen Gefühlen übermannt wird... und wünscht sich Rettung von außen. Neben Parlan, Querida, Shing, Vernon, Dismas, Hilaria und Borghilde gibt es noch Zwantine. Zwantine hat eine anankastische bzw. zwanghafte Persönlichkeits-störung. Zwantine ist penibel-pedantisch-perfektionistisch. Drum ist sie fast schon so unbeliebt wie die querulatorische Querida. Die zwanghafte Zwantine ist aber immerhin wesentlich sympathischer als der dissoziale Dismas. Es ist eben alles relativ. Zwantine ist unsicher, unflexibel und rigide. Mit strengen Regeln versucht sie ihre Unentschlossenheit zu

kompensieren. Zudem erwartet sie, dass sich die Anderen auch an diese Regeln halten. Zwantine durfte als Kind nicht mit ihrer Kacke spielen. - Heute hat sie ein anales Thema.

Neben Parlan, Querida, Shing, Vernon, Dismas, Hilaria, Borghilde und Zwantine gibt es noch Asta. Asta hat eine abhängige bzw. asthenische Persönlichkeitsstörung. Sie hat Angst davor Verantwortung zu übernehmen. Asta will keine eigenen Entscheidungen treffen. Lieber ordnet sie sich anderen unter. Asta fällt es nicht schwer Beziehungen zu knüpfen. Ihr fällt es aber schwer, schädliche Beziehungen wieder zu lösen. Trennungen findet sie äußerst unangenehm. Da lässt sie sich lieber ausnutzen. Eine Trennung erträgt sie kaum. In ihrer Kindheit wurde Asta sehr verhätschelt. Sie hatte überfürsorgliche Eltern, die ihr so gut wie alle Entscheidungen abnahmen. Und heute sucht sich Asta wieder Menschen, die ihr die Entscheidungen abnehmen. Und trifft prompt auf den dissozialen Dismas. - Mit dem sonst keiner mehr spricht im Dorf. Weil er jeden beklaut hat. Oder verprügelt. Oder beides.

Der dissoziale Dismas sagt zur abhängigen Asta: „Hey Alte, alles fit im Schritt?" Die abhängige Asta sagt nichts, sondern läuft lediglich rot an. Naja, eigentlich läuft sie lila-blassblau an (wegen ihrer hellblauen Zwudscherl-Hautfarbe). Dismas greift Astas Hand. Er will sie mitnehmen (in seine Hütte). Der dissoziale Dismas nimmt die Abkürzung über das Grundstück der querulatorischen Querida. Gegenüber von Queridas Grundstück liegt die Krankenhütte. Borderline Borghilde liegt gerade in der Krankenhütte, da sie vor kurzem einen Suizidversuch beging. Mal wieder. Sie versuchte sich im Bach zu ertränken. Weil sie sich einbildete, ihre Freundin Asta wolle sie verlassen. Die wollte aber nur mal kurz frische Luft schnappen. Sogar der abhängigen Asta sind die ständigen Gefühlsschwankungen von Borderline Borghilde manchmal zu viel. Borderline Borghilde fühlte sich verlassen, drehte mal wieder etwas durch und stürzte sich in den Bach. Wurde aber rechtzeitig gefunden. Von ihrer Freundin Asta natürlich, die ja dort spazieren war.

Der Bach läuft ja auch gleich neben Borghildes Hütte entlang. Die Zwudscherl haben ein ausgeklügeltes Bewässerungs- system, da sie in ihren Gärten Nahrungsmittel anpflanzen. Darum fließt der Bach an jeder Hütte vorbei. Aber Borderline Borghilde macht sich nicht die Mühe, sich woanders zu ertränken. Sie ertränkt sich lieber in ihrem eigenen Garten.

Borghildes Hütte steht nämlich gleich hinter der Krankenhütte. Wie Praktisch. - Wenn man öfter selbstschädigendes Verhalten an den Tag legt. Da bekommt man dann wenigstens sofort die professionelle Hilfe, die man braucht. Jetzt liegt Borderline Borghilde gelangweilt in der Krankenhütte und schaut aus dem Fenster. Borghilde kann direkt auf Queridas Grundstück blicken. Borderline Borghilde sieht Asta und freut sich wie ein kleines Kind an Weihnachten. Doch dann erblickt sie Dismas (händchen-haltend mit Asta) und flippt völlig aus. Borderline Borghilde schnellt hoch und raus zur Tür. Borghilde schnaubt entsetzt: „Das Klau-schwein will mir meine Asta weg nehmen!" Nun bespringt Borghilde die passive Asta und umklammert sie mit ihren vier Armen. Die instabile Borghilde kreischt wie verrückt: „Asta! Wenn du mich

verlässt, dann… dann ertränke ich mich wieder in meinem Bach!"
Da kommt auch schon die querulatorische Querida angestampft und brüllt erzürnt: „Ja genau, bring dich woanders um! Und nimm deine kleinen Stänker-Freunde mit! Runter von meinem Grundstück, ihr Penner!"
Da brüllt der dissoziale Dismas zurück: „Hey du alte Psycho-Schabrake, verzieh dich wieder in deine verwanzte Butze, sonst gibt's fett auf die Omme, du Aushilfs-Tunte für Arme du…!"
Dismas brüllt und brüllt bis sein Kopf dunkel-lila anläuft und zusätzlich fuchtelt er wild mit allen vier Armen herum.
Nebenan wohnt der schüchterne Vernon. Er hatte gerade all seinen Mut zusammen genommen und wollte zur Hütte hinaus treten, um sich endlich ein paar Freunde zu suchen. Er macht ja nun auch schon lange genug Verhaltens-therapie und die scheint nun

endlich zu fruchten. Der nun nicht mehr ganz so ängstliche Vernon macht die Tür auf, hört den dissozialen Dismas brüllen und macht die Tür sofort wieder zu. Dem armen Kerl steht das blaue Fell zu Berge als hätte er in eine Steckdose gefasst. Vernon hat Herzrasen und zittert wie Espenlaub. Das Mütchen (nach Freunden zu suchen) hat sich schnell wieder gekühlt. Dumm gelaufen.

Auf der anderen Seite (neben Querida) wohnt der schizoide Shing. Shing betrachtet das Ganze vom Fenster aus und seufzt: „Die sind doch alle gestört. Ich weiß schon, warum ich lieber für mich bin. Soziale Kontakte bringen nur Ärger. Die machen krank. Das sieht man ja."

Zur gleichen Zeit brüllt Querida auf Dismas ein: „Das ist Hausfriedensbruch…!"

Aber bevor sie auf ihre Rechte
hinweisen kann, hat sie schon
eins auf die Omme bekommen.
Doch Querida kann Kampfsport
und macht Gebrauch von ihrem
Recht auf Selbstverteidigung:
„Falls du drauf gehst, dann war
das Notwehr, du Assi…" teilt
Querida dem Assi mit und haut
ihm auch auf die Omme. Was für
eine Keilerei. Ein Schauspiel für
die Götter. „Und jetzt ne Tüte
Popkorn…" sagt Borderline
Borghilde. Deren Stimmung ist
mal wieder am schwanken von
„himmelhoch jauchzend, zum
Tode betrübt" und andersrum.
- Da kann der alte Goethe auch
nicht mehr helfen.
Neben der Krankenhütte wohnt
die zwanghafte Zwantine.
Zwantine hört den Lärm und
kommt gerade recht zur
Schlägerei: „Seid ihr denn alle
bekloppt?! Der schöne Rasen!
Kloppt euch gefälligst woanders!

Habt ihr denn keinen Sinn für Ordnung?!"
Auf der anderen Seite (neben der Krankenhütte) wohnt die histrionische Hilaria. - Mit Absicht. In der Krankenhütte arbeiten nämlich nette Pfleger. Doch momentan sind die Pfleger zweitrangig. Hilaria erträgt es nicht länger, dass andere im Rampenlicht stehen. Hilarias Bedürfnis nach Aufmerksamkeit ist einfach zu stark. Ihre Brust schmerzt. Herzeleid, Herz- infarkt... was auch immer.
„Die Oper ist erst zu Ende, wenn die dicke Frau gesungen hat."
Die Rampensau läuft hinaus und fasst sich an die Brust: „Mein Herz! Mein Herz! Zu Hilfe! Zu Hilfe!" Alle kucken. Nun hat Hilaria die volle Aufmerksamkeit. Für einen Augenblick. Platsch.
Narziss fällt in den Bach. Narziss? Wer ist denn Narziss, bitteschön? Neben Parlan, Querida, Shing, Vernon, Dismas, Hilaria,

Borghilde, Zwantine und Asta gibt es noch Narziss. Narziss hat eine narzisstische Persönlichkeits-störung. Er hält sich für was Besseres. Zudem neigt er zu Schwarz-Weiß-Denken. Entweder er idealisiert oder er verdammt etwas bzw. jemanden. Es gibt nichts dazwischen. Narziss ist überaus arrogant und eingebildet. Abgesehen davon ist Narziss sehr schnell gekränkt, wenn er nicht genügend Bewunderung erhält. Er ist aber mittlerweile tot. Narziss hat sich im Bach ertränkt. Aus Versehen. - Nicht aus Suizidalität. Es war ein Unfall. Er hatte sich in sein eigenes Spiegelbild verliebt. Unglücklicherweise. Er starrte ins Wasser… fiel hinein… und ertrank... vor lauter Selbst-verliebtheit. Das musste ja so kommen. Als Narziss klein war, redeten seine Eltern ihm ständig ein, er sei etwas Besonderes. Heute ist er tot. Hochmut kommt vor dem Fall (ins kalte Nass… äh

Grab). Die Aufmerksamkeit aller wanderte von der histrionischen Hilaria zu dem narzisstischen Narziss. Aber nur kurz. Nach diversen Schulterzuckern und einigen „Hms" ist die ganze Aufmerksamkeit nun wieder bei der Keilerei gelandet. Narziss wäre ziemlich beleidigt… wenn er könnte.
Und wenn sie nicht gestorben sind, dann leben sie noch heute… persönlichkeitsgestört.
Ruhe in Frieden, lieber Narziss.

Und die Lehr' von der Geschicht':
Vorurteile lohnen nicht,
denn Gestörtheit gibt's
in wahrlich jeder Schicht.

(Persönlichkeitsgestörte) Notizen:

Kapitel 5:

Perls' Schichtenmodell der Neurose

Vorwort:

Fritzens Zwiebel-Neuröschen.

Quellen:

Fritz Perls, Grundlagen der Gestalt-
Therapie, Seite 102-104.

Albrecht Boeckh, Die Gestalttherapie,
Seite 53-55.

Frederick Perls/Patricia Baumgardner,
Das Vermächtnis der Gestalttherapie,
Seite 42-52.

Frank-M. Staemmler/Werner Bock,
Neuentwurf der Gestalttherapie,
Seite 72-81.

Ruth C. Cohn/Alfred Farau,
Gelebte Geschichte der Psychotherapie,
Seite 300-308.

Die Schichtenmodelle aus
„Die Gestalttherapie",
„Das Vermächtnis der
Gestalttherapie" und
„Neuentwurf der Gestalttherapie"
weisen leichte Unterschiede auf.
Ich halte mich an das Schichten-
modell aus „Neuentwurf der
Gestalttherapie".

Die fünf Schichten der Neurose (siehe: Neuentwurf der Gestalttherapie):

Rollen und Spiele

Angst

Engpass

Implosion

Explosion

Fritz Perls:
„Wir können nur eine Tür auf einmal öffnen und eine Schale von der Zwiebel auf einmal ablösen. Jede Schicht ist ein Teil der Neurose (…)."

Fritz Perls spricht von fünf Schichten der Neurose. Wie er sich diese genau vorstellt, ist allerdings nicht so ganz klar. Sein Zwiebel-Vergleich lässt jedoch folgenden Schluss zu: Die neurotischen Schichten liegen übereinander wie Zwiebelschalen. Die fünfte Schicht (Explosion) ist der Zwiebelkern. Es bedarf Bewusstheit, damit der Mensch von einer Schicht zur nächsten kommt.

Quellen:
Fritz Perls, Grundlagen der Gestalt-Therapie, Seite 104
Staemmler/Bock, Neuentwurf der Gestalttherapie, Seite 72-73 und Seite 78.

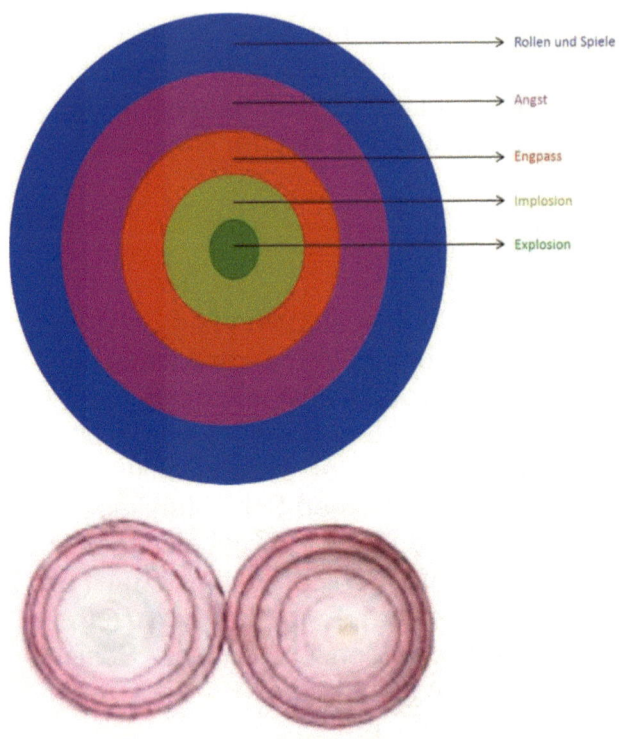

Rollen und Spiele

Angst

Engpass

Implosion

Explosion

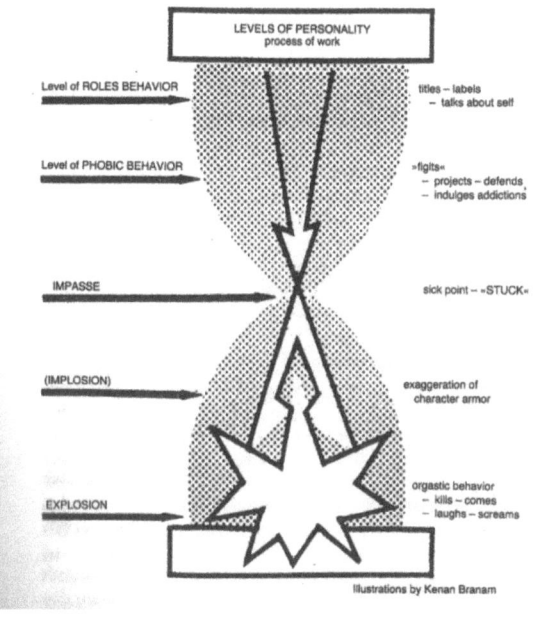

LEVELS OF PERSONALITY
process of work

Level of ROLES BEHAVIOR — titles – labels
– talks about self

Level of PHOBIC BEHAVIOR — »figts«
– projects – defends
– indulges addictions

IMPASSE — sick point – »STUCK«

(IMPLOSION) — exaggeration of
character armor

EXPLOSION — orgastic behavior
– kills – comes
– laughs – screams

Illustrations by Kenan Branam

Quelle:
Frank-M. Staemmler/Werner Bock,
Neuentwurf der Gestalttherapie, Seite 75.

Rollen und Spiele:

Soziale Konventionen prägen das menschliche Verhalten. Das Rollenspiel soll Sicherheit, Voraussehbarkeit sowie Zuverlässigkeit bieten. Die Rollen und Spiele sind sozial vorgeschrieben und bilden sich im Laufe des Miteinanders heraus und verfestigen sich. Das konventionelle Verhalten steht im Vordergrund.
Die Authentizität steht im Hintergrund. Der Mensch begegnet sich selbst und seiner Umwelt genormt (oberflächlich) statt authentisch.
Er vermeidet echten Kontakt.
Der Schauspieler verhält sich stereotyp. Die eigenen Verhaltensweisen und die der anderen sind voraussehbar und zuverlässig.
Der Mensch spielt Rollen und Spiele. Er verhält sich als ob er ein anderer wäre. Der Rollenspieler manipuliert seine Umwelt. Die Rollen haben den Zweck, andere Menschen so zu manipulieren, dass sie den Neurotiker unterstützen.

Der Neurotiker erkennt die existentielle Tatsache nicht an, dass er für sich selbst verantwortlich ist. Er vermeidet die Auseinandersetzung mit seinen eigenen Schwierigkeiten. Das Rollenspiel hat die Funktion andere Menschen zu manipulieren. Und es hat die Funktion Verunsicherung zu vermeiden. Daher nehmen viele Menschen (Neurotiker) Selbstschädigung in Kauf. Der Rollenspieler schränkt seine persönlichen Ausdrucksmöglichkeiten stark ein. Er verschließt seine Augen vor den eigenen Bedürfnissen. Er verschließt seine Augen vor der Wirklichkeit. Er nimmt weder sich selbst noch die Welt ungeschminkt wahr.

Beispiele für Rollen und Spiele:
Der nette Junge, das nette Mädchen, der tolle Typ, das Flittchen, der gute Vater, die gute Mutter, der gute Sohn, die gute Tochter, der gute Enkelsohn, die gute Enkeltochter, der Quälende, der Gequälte usf.

Soziale Konventionen regeln das Verhältnis der Menschen zueinander: Kollege - Kollegin, Lehrer - Schüler, Arzt - Patient usf. Jeder Mensch hat alle verschiedenen (neurotischen) Verhaltensmöglichkeiten zur Verfügung. Die Menschen unterscheiden sich durch die prozentuale Verteilung dessen, was sie zum Ausdruck bringen.

Fritz Perls:
„Ich nenne jeden Menschen neurotisch, der seine Kraft darauf verwendet, andere zu manipulieren, und sich weigert, selbst zu wachsen."

Quellen:
Boeckh, Die Gestalttherapie, Seite 53-54.
Staemmler/Bock, Neuentwurf der Gestalttherapie, Seite 75-76.
Perls/Baumgardner, Das Vermächtnis der Gestalttherapie, Seite 43, Seite 48-49 und Seite 52.
Fritz Perls, Grundlagen der Gestalt-Therapie, Seite 102

Angst:

Der Mensch hat ein Bedürfnis
authentisch und lebendig zu sein.
Doch es fällt ihm schwer, die alten
Identifikationen aufzugeben.
Das gewohnte Rollenspiel gegen
Authentizität zu tauschen, macht
dem Neurotiker Angst. Er hat Angst,
was passiert, wenn er seine „Als-ob-
Rollen" nicht mehr spielt. Er hat
Angst vor der Reaktion seiner
Umwelt. Er hat Angst vor negativen
Sanktionen seitens seiner Familie,
seiner Freunde und der Gesellschaft.
Der Neurotiker hat Angst davor, was
passiert, wenn er nicht länger den
netten Jungen / das nette Mädchen
usf. spielt. - Was nun?

Fritz Perls:
„Angst ist Erregung minus
Sauerstoff."

Quellen:
Boeckh, Die Gestalttherapie, Seite 54-55.
Perls/Baumgardner, Das Vermächtnis der
Gestalttherapie, Seite 43.
Staemmler/Bock, Neuentwurf der
Gestalttherapie, Seite 77.
http://www.gestalttherapie-
lexikon.de/angst.htm

Engpass:

Der Neurotiker fühlt sich verloren
und leer. Er verhält sich wie gelähmt.
Er sitzt fest zwischen Rollenspiel und
Authentizität („stuck"). Er befindet
sich in einem Engpass. Er erfährt ein
existenzielles Dilemma. Er erfährt
das Nichts. Ein Rückfall in die alten
Rollen ist kontraproduktiv.
Das Rollenspiel schränkt den
persönlichen Ausdruck ein.
Auf lange Sicht erzielt das
Rollenspiel keine ausreichende
Bedürfnisbefriedigung.
Der Neurotiker will seine echten
Bedürfnisse zeigen. Doch er fürchtet
die Konsequenzen. Er kann nicht

einfach er selbst sein, ohne Angst zu haben vor den bevorstehenden Veränderungen. Der Neurotiker geht weder vor (Gefühlsausdruck) noch zurück (alte Rolle). Der Engpass ist eine Blockierung. Die Hilfestellungen von innen und außen sind abgenutzt. Und authentische Selbstständigkeit wurde noch nicht erreicht. Dieser Zustand wird oft als inneres Chaos bzw. Durcheinander erlebt. Der Engpass ist die entscheidende Stelle im Wachstum des verzweifelten und verwirrten Neurotikers. Der Engpass ist der tote Punkt, obgleich eine ungeheure Energie vorhanden ist. Der Neurotiker hat sich festgefahren. Er weiß nicht worauf er seine Kraft und seine Energie verwenden soll. Auf Dauer hält er diese innere Spannung nicht aus.

Quellen:
Perls/Baumgardner, Das Vermächtnis der Gestalttherapie, Seite 42-43.
Boeckh, Die Gestalttherapie, Seite 54.
Staemmler/Bock, Neuentwurf der Gestalttherapie, Seite 75-77.

Implosion:

Der Neurotiker hat Angst vor dem
Nichts und dem Tod. Er hält die
innere Spannung nicht mehr aus.
Der Neurotiker bricht in sich
zusammen. Er verhält sich wie
katatonisch. Er zieht sich in sich
zusammen, er implodiert.
Die Energie, die er zum Leben
braucht, wird ungenutzt investiert.
Der Neurotiker nutzt seine Lebensenergie nicht für ein authentisches
Leben, sondern er implodiert.

Fritz Perls:
„In jedem Stückchen Therapie
müssen wir durch die
Implosionsphase gelangen, um an
das wahre Selbst heranzukommen.
Hier weichen die meisten
therapeutischen Schulen und
Therapien zurück, weil auch sie die
Erstarrung fürchten. Natürlich geht
es nicht um das Tot sein, sondern
um die Angst und das Gefühl,
erstarrt und tot zu sein, sich
aufzulösen.“

Quellen:
Boeckh, Die Gestalttherapie, Seite 54-55.
Perls/Baumgardner, Das Vermächtnis der
Gestalttherapie, Seite 42-43.
Staemmler/Bock, Neuentwurf der
Gestalttherapie, Seite 77-78.

Explosion:

Früher oder später kommt es zu
einem echten Gefühlsausbruch.
Das ist die sogenannte Explosion.
Die Lebensenergie wird genutzt zur
Explosion, statt zur Implosion. Der
authentische Mensch verhält sich
lebendig. Er zeigt seine echten
Bedürfnisse und er geht in echten
Kontakt: Mit sich selbst und mit
seiner Umwelt. Die Explosion ist die
klassische Katharsis. Sie ist die
Befreiung von inneren Konflikten.
Die zurückgehaltenen, unterdrückten
Gefühle werden nun endlich frei
ausgedrückt. Dieser spontane
Gefühlsausbruch ist oftmals sehr
heftig.

Es gibt vier Grundarten der Explosion:

Wut

Trauer

Freude

Orgasmus

Quellen:
Boeckh, Die Gestalttherapie, Seite 55.
Perls/Baumgardner, Das Vermächtnis der Gestalttherapie, Seite 42-43.
Staemmler/Bock, Neuentwurf der Gestalttherapie, Seite 78.

Nachwort:

1962: Fritz Perls ist deprimiert, unwirsch und ablehnend. So erlebt ihn Ruth Cohn. In „Gelebte Geschichte der Psychotherapie" schreibt Ruth Cohn: „Er sagte, daß er nur noch eines wolle (…): auf Reisen gehen (…), um eine geeignete Grabstätte für sich zu finden." Fritz Perls ist tot krank. 1964 erzählt Fritz, dass er Hilfe fand bei Ida Rolf (Rolfing). Fritz Perls zu Ruth Cohn: „Heute weiß ich, was los ist mit der Psychotherapie: Wir müssen den Patienten durch den >impass< führen, durch den Engpass (…)."

Quelle:
Ruth C. Cohn/Alfred Farau,
Gelebte Geschichte der Psychotherapie,
Seite 300-301.

Zitate (Perls):

„Don't push the river. If flows by
itself."

„Lose your mind and come to your
senses."

„I am I, and you are you. I do my
thing, and you do your thing.
I am not in this world to live up to
your expectations, and you are not in
this world to live up to mine. If by
chance we meet, it's beautiful. If not,
it can't be helped."

„Lernen ist die Entdeckung, dass
etwas möglich ist."

„Ich nehme es dir übel, wenn du mir
nicht alles gibst. Ich fordere, dass du
vollkommen gibst, was du bist."

„Gewahrsein ist freies Erspüren dessen, was in dir auftaucht, was du tust, fühlst oder vorhast. Sie ist ein Grundelement und eine umfassende Ganzheit. Ohne Bewusstheit gibt es keine Kenntnis einer Wahlmöglichkeit."

„Da liegt für mich die Bedeutung des Traumes - er ist eine existentielle Botschaft. Er ist nicht nur eine unvollendete Situation, er ist nicht allein ein akutes Problem, er ist nicht allein ein Symptom oder ein Charakterzug. Er ist ein existentielles Zeichen, eine Botschaft. Er betrifft unsere gesamte Existenz, unser gesamtes Drehbuch."

„Und nun etwas Grundsätzliches zu Wachstum und menschliches Potential. Meine Definition lautet folgendermaßen: Ich verstehe unter Wachstum und Reifung die Umwandlung der Unterstützung, die wir durch die Umwelt erhalten, in Selbstständigkeit und Selbsthilfe."

„Die Vergangenheit ist vorbei, und doch tragen wir im Jetzt unseres Seins vieles aus der Vergangenheit mit uns, doch nur soweit wir unerledigte Situationen haben. Was in der Vergangenheit geschah, wurde entweder assimiliert und zu einem Teil von uns, oder wir tragen es als unerledigte Situation, als unvollendete Gestalt mit uns herum."

„Veränderungen finden von allein statt. Wenn wir tiefer in das eindringen, was wir sind, wenn wir akzeptieren, was da ist, kommen die Veränderungen von allein. Das ist das Paradoxon der Veränderung."

Buch-Empfehlungen (Perls):

- Was ist Gestalt-Therapie?

- Gestalt-Therapie in Aktion

- Gestalt-Wahrnehmung

- Grundlagen der Gestalt-Therapie

(Neurotische) Notizen:

(Psychotische) Notizen:

(Natürliche) Notizen: